parler plus exactement, le meurtre non prémédité. Leur compétence s'étend encore au meurtre légitime, c'est-à-dire au cas où le crime est couvert par une excuse légale. En ce cas, le tribunal siége au Delphinion, autre enceinte, voisine de la première, et placée sous l'invocation d'Apollon Delphien. Lorsque le coupable est resté inconnu, les éphètes s'assemblent au Prytanée. Enfin, s'il s'agit d'un meurtre commis par un exilé, ils se réunissent au bord de la mer, près du Pirée, dans un lieu appelé *Phréattion*. La peine qu'ils prononcent, du moins en règle générale, est l'exil, et de là vient leur nom (ἐφέται, ceux qui envoient en exil).

Mais la fonction des éphètes n'est pas seulement de punir : elle est, avant tout, de réconcilier les parties et d'amener les parents de la victime à recevoir le prix du sang, τὰ ὑποφόνια. Dans tous les cas qui ne sont pas réservés à l'Aréopage, c'est le vœu de la loi que la poursuite s'éteigne par transaction; et, tout en imposant aux plus proches parents l'obligation de poursuivre le meurtrier, le législateur trace les règles du traité à conclure. Les personnes qui auront à recevoir le prix du sang sont désignées dans un certain ordre, qui rappelle l'ordre des successions : ce sont, d'abord, les parents en deçà du degré de cousin, c'est-à-dire le père, le frère et le fils; en second lieu, les cousins et issus de cousins; enfin, à défaut de ces derniers, dix personnes choisies par les éphètes dans la phratrie de la victime. Si les éphètes ne parviennent pas à opérer la réconciliation, alors le meurtrier part pour l'exil; mais il ne faut pas confondre l'exilé avec le coupable qui, devant l'Aréopage, prend la fuite pour se soustraire à la mort. Ce dernier est un proscrit, hors la loi. Par pitié, on lui permet de gagner la frontière en suivant un chemin dont il ne doit pas s'écarter. Après cela, son sang peut être impunément versé; la société ne le protége plus.

L'exilé, au contraire, reste toujours sous la protection de la loi athénienne; celle-ci l'éloigne, par mesure de police, pour qu'il ne soit pas exposé à rencontrer les parents de la victime avant d'avoir fait sa paix avec eux. Du reste il garde ses biens, ainsi que le droit d'en jouir et d'en disposer. Dans l'asile qu'il a trouvé à l'étranger, les parents de la victime ne peuvent plus le poursuivre. S'il rentre sur le territoire athénien, s'il se montre dans les fêtes qui réunissent tous les Grecs, il renonce par là même à la sauvegarde dont il enfreint les conditions; mais, hors de là, le tuer est un crime, le dépouiller est un vol. Dans le cas même où il rentre prématurément dans l'Attique, son sang ne peut être versé que par l'exécuteur public. Toute personne peut le saisir et le traîner au tribunal des Onze, qui le font mettre à mort sans procédure, sur une simple reconnaissance d'identité; mais nul ne peut ni le frapper ni s'emparer de sa personne pour le torturer et lui extorquer une rançon.

C'est sans doute la même pensée, pacifique et conciliatrice, qui avait fait attribuer aux éphètes réunis au Delphinion la connaissance des excuses et faits justificatifs, ou, plus précisément, de toutes exceptions opposées à l'action principale. Les choses se passaient alors comme dans la *paragraphè* du droit civil, sans qu'il soit permis d'affirmer que la compétence des éphètes fût réduite à la question préjudicielle et ne s'étendît jamais à la question du fond. Mais, quoi qu'il en soit, si l'exception était repoussée, il fallait toujours, ou bien que l'affaire fût renvoyée devant l'Aréopage, ou bien que les éphètes la retinssent pour la juger eux-mêmes; et, dans tous les cas, ils étaient bien placés pour faire accepter aux parties une transaction.

Le troisième cas de la compétence des éphètes était celui d'un meurtre commis par un auteur inconnu. Une fois par an, les éphètes se réunissaient au Prytanée, et statuaient sur les faits de ce genre, même sur les morts accidentelles; car l'accident pouvait cacher un crime. Pour donner une forme sensible à l'action, le procès était fait à l'objet inanimé qui avait été la cause ou l'instrument de la mort, et une sentence des juges le faisait jeter hors du territoire de l'Attique, symbole propre à faire connaître que les parents du mort s'étaient acquittés du devoir imposé par la loi. Par ce moyen, il leur était donné acte de leurs diligences, et nul ne pouvait désormais les accuser d'impiété.

Quant au tribunal qui se réunissait au bord de la mer, nous n'examinerons pas s'il a jamais siégé autrement que dans la légende. Ce tribunal connaissait, disait-on, de l'accusation de meurtre prémédité dirigée contre un homme déjà exilé pour un meurtre involontaire. L'accusé ne pouvait rentrer dans l'Attique, dont le sol lui était interdit, ni comparaître devant l'Aréopage; mais la loi lui permettait de s'approcher du rivage dans une barque et de présenter ainsi sa défense aux éphètes réunis sur le bord. Condamné, il était mis à mort; acquitté, il reprenait le chemin de l'exil. Fiction ingénieuse destinée peut-être à exprimer à la fois le respect dû au droit de la défense, et la vigilance de la loi athénienne, non moins attentive à punir les crimes commis par l'exilé, qu'à le protéger partout où il a trouvé un asile.

Toutes ces lois sur les éphètes avaient été promulguées de nouveau en 409[1], et, cinquante ans plus tard, Démosthène les cite tout au long,

1 Voir le décret de promulgation dans le *Corpus inscript. atticarum*, t. I, n° 61.

comme étant encore en vigueur. Toutefois Isocrate et Démosthène parlent d'affaires de meurtre qui ont été jugées par sept cents ou par cinq cents juges[1]. On reconnaît là le tribunal populaire des héliastes, qui probablement héritèrent de la compétence et de la juridiction des éphètes, sans qu'on puisse dire en quel temps ni de quelle façon. Quant à l'Aréopage, il se maintint toujours, et nous le retrouvons même après la conquête romaine, alors que le tribunal des héliastes n'était plus lui-même qu'un souvenir.

La procédure suivie devant ces tribunaux est empreinte d'un caractère solennel qui contraste avec le reste de la législation athénienne, si éloignée de tout formalisme. On a déjà vu que la poursuite appartient aux parents du mort, dans un certain ordre. Eux seuls peuvent l'exercer, et c'est pour eux un devoir qu'ils ne sauraient négliger sans s'exposer à être eux-mêmes poursuivis comme impies. Le premier acte de la procédure consiste en une sorte d'excommunication, πρόῤῥησις. Sur l'Agora, en présence de témoins, le poursuivant s'adresse au meurtrier et lui fait défense de paraître en public, comme de prendre part aux cérémonies du culte national. Le sang versé veut du sang, celui du meurtrier ou tout au moins d'une victime expiatoire. Jusque-là l'homicide est impur, et la souillure qu'il a contractée est contagieuse. Il doit être provisoirement retranché de la cité. Il peut même être mis en état de détention préventive, sauf à obtenir sa liberté en fournissant trois cautions[2]. Le poursuivant se présente ensuite devant l'archonte-roi, et dépose son accusation, que l'archonte fait mettre par écrit, ἀπογράφεσθαι. Alors commence l'instruction, dans laquelle l'archonte joue un rôle purement passif. Les témoins produits par les parties sont entendus et interrogés contradictoirement dans trois audiences préparatoires, tenues de mois en mois, προδικασίαι[3]. Puis le magistrat introduit l'affaire, suivant le cas, soit devant l'Aréopage, soit devant les éphètes; ce renvoi jugeait, ou préjugeait tout au moins, de graves questions de recevabilité et de compétence. Une loi récente, citée par Isocrate, qui l'attribue à l'orateur Archine, reconnut à l'accusé le droit de se pourvoir contre la décision de l'archonte, au moyen d'une exception, παραγραφή[4]. L'affaire était alors portée devant la juridiction ordinaire, c'est-à-dire devant les héliastes, qui statuaient sur les questions soulevées par l'exception.

[1] Isocrate, *Adversus Callimachum*, § 52-54; Démosthène, *Adversus Neæram*, § 10.

[2] Antiphon, *De nece Herodis*, § 17.

[3] Antiphon, *Super choreuta*, § 42.

[4] Isocrate, *In Callimachum*, § 1.

Suivons maintenant les parties devant l'Aréopage. L'accusé comparaît sur la citation donnée par le poursuivant. Les juges prêtent serment de juger selon les lois; les parties promettent de dire la vérité et s'engagent par les plus terribles imprécations, la main sur les entrailles des victimes, *διωμοσία*. Les témoins eux-mêmes déposent sous la foi du serment, mais, quoiqu'ils soient interrogés par les parties, les juges n'en interviennent pas moins dans le débat, et peuvent adresser toutes questions, soit aux parties[1], soit aux témoins. C'est ainsi que, dans Eschyle, nous voyons Oreste, poursuivi par les Euménides, répondre aux questions de la déesse Athéné qui préside le tribunal. Ces débats ont lieu en plein air, *ἐν ὑπαίθρῳ*. Ni les juges ni le poursuivant ne doivent se trouver sous un même toit avec l'homme dont les mains sont impures.

Les parties prennent ensuite la parole. La loi veut qu'elles s'expliquent en personne; mais l'usage leur permet de se faire assister par un citoyen qui parle après elles et complète ce qu'elles ont dit[2]. Elles doivent se borner à discuter l'accusation, sans y mêler aucune considération étrangère, sans faire appel, soit à l'indignation, soit à la pitié des juges, moyens dangereux et trop fréquemment employés devant les tribunaux populaires. Deux pierres, au milieu de l'enceinte, marquent la place de l'accusateur et celle de l'accusé. L'une est celle de la vengeance irréconciliable, qui ne peut être apaisée par le prix du sang, *λίθος ἀναιδείας*. L'autre est la pierre de l'orgueil coupable, *λίθος ὕβρεως*.

Après l'accusation et la défense viennent les répliques, *λόγοι ὕστεροι*. Mais, au moment où le poursuivant se lève pour répliquer, l'accusé peut se soustraire à la peine en prenant la fuite. La loi lui permet d'échapper ainsi au supplice et protége encore sa personne jusqu'à ce qu'il ait atteint la frontière.

Le moment du vote arrive enfin. Deux urnes sont apportées : l'une pour la condamnation, l'autre pour l'acquittement, et les juges déposent leur bulletin dans l'une ou l'autre. La sentence est rendue à la majorité. Le partage vaut acquittement; c'est ainsi que, dans la légende, Oreste est absous, après partage, par le suffrage d'Athéné.

Telle était la procédure devant l'Aréopage, et probablement aussi devant les éphètes, car nous ne voyons pas qu'il y ait eu, devant ceux-ci, des formes particulières. Seulement, au Palladion, c'est-à-dire dans les affaires de meurtre non prémédité, la loi exigeait un serment de plus.

[1] Sur toute cette procédure, voir le plaidoyer d'Antiphon, *De nece Herodis*.

[2] C'est ainsi que Thucydide avait plaidé devant l'aréopage pour Pyrilampès contre Périclès. (*Anonymi vita Thucydidis*.)

Après la sentence rendue, celle des deux parties qui avait obtenu gain de cause affirmait que la sentence des juges était conforme à la vérité et à la justice; «si je mens, ajoutait-il, puisse la vengeance des dieux «retomber, non sur les juges, mais sur moi et les miens[1]!»

Ainsi la loi athénienne a désarmé la vengeance privée, soit en se substituant à celle-ci, soit en l'amenant à recevoir le prix du sang. Il reste encore un cas, toutefois, où la vengeance privée reprend ses droits, sans que la loi puisse faire autre chose que de lui imposer une mesure. Qu'un meurtre soit commis sur la personne d'un Athénien en pays étranger, où la loi athénienne n'a plus d'empire, justice ne peut être faite que par le peuple chez lequel le meurtre a eu lieu. Lui seul, comme souverain sur son territoire, peut juger ou livrer le coupable. C'est donc à lui, et non aux tribunaux athéniens, que les parents de la victime devront demander justice. Mais, s'il refuse d'accueillir leur demande, les parties n'ont plus d'autre recours que la vengeance privée, et la loi athénienne permet au poursuivant de prendre jusqu'à trois otages de la nation qui n'a pas voulu que la justice eût son cours. C'est ce qu'on appelait *ἀνδροληψία*.

Enfin, dans tous les cas, si la victime du meurtre a pardonné avant de mourir, il n'y a plus de vengeance à requérir, plus de poursuite à exercer. Il n'y a même pas lieu à composition, puisque le meurtrier a déjà fait sa paix avec la victime, et dès lors ne doit plus rien aux héritiers de celle-ci[2].

Il en est de même lorsque les parents de la victime ont négligé d'agir dans les délais fixés par la loi. Si la durée de ces délais nous est inconnue, nous savons qu'ils étaient prescrits à peine de déchéance, et qu'une fois expirés ils faisaient obstacle à toute poursuite. Le meurtrier avait alors la vie sauve, mais à condition de ne se montrer ni dans les lieux sacrés ni dans l'agora. S'il contrevenait à cette défense, il était traité comme un malfaiteur pris en flagrant délit. Toute personne pouvait le saisir et le traîner devant les Onze, qui l'envoyaient à la mort, sauf, en cas de dénégation, à le faire condamner par un tribunal populaire, non plus pour meurtre, mais pour rupture de ban.

III.

Pour tous les crimes, sans exception, Dracon n'avait trouvé, disait-

[1] Eschine, *De falsa legatione*, § 87.
[2] Démosthène, *Adv. Pantænetum*, §§ 58, 59; *Adv. Nausimachum*, §§ 21, 22. Cf. Platon, *Lois*, IX, 9.

on, qu'une seule peine, la mort; mais, aux crimes autres que le meurtre, il avait donné un juge différent, l'archonte, investi de toute juridiction au criminel comme au civil. C'était un trop grand pouvoir dans une démocratie. Solon le remit à un grand jury populaire, dont nous avons retracé ailleurs la composition, et ne laissa aux archontes que l'instruction de l'affaire et la présidence du tribunal. Juges du droit comme du fait, les jurés ou *héliastes* n'étaient en réalité que le peuple lui-même agissant par ses délégués, et parfois abusant de son pouvoir souverain pour épargner un coupable ou frapper un ennemi politique. Nous avons dit ailleurs comment ces tribunaux fonctionnaient au civil. Il nous reste à les montrer siégeant au criminel. Non qu'à vrai dire il y ait eu grande différence : mêmes juges, mêmes formes de procéder; seulement, l'action civile, *δίκη*, appartient exclusivement à la partie intéressée; l'action publique, *γραφή*, peut être intentée par tout citoyen.

Définissons d'abord la compétence des héliastes, beaucoup moins étendue que celle de nos tribunaux criminels. Pour mettre en mouvement des tribunaux de cinq cents juges, il fallait un intérêt sérieux et considérable. Éliminer les petites affaires, prévenir ainsi l'encombrement, était une nécessité impérieuse. C'est dans cette vue que le législateur athénien avait, pour les procès civils, institué de véritables juges de paix, sous le nom de *juges des dèmes*, et organisé l'arbitrage comme tribunal de première instance. Au criminel, on arrivait au même résultat par des moyens semblables. D'abord, tout ce que nous appelons juridiction de simple police, et même une partie de la juridiction correctionnelle, était, chez les Athéniens, pure affaire administrative. Tout magistrat avait le droit d'infliger des amendes jusqu'à cinquante drachmes; le Conseil des Cinq-Cents pouvait même aller jusqu'à cinq cents drachmes. L'amende ainsi prononcée sans forme de procès s'appelait d'un nom particulier *ἐπιβολή*.

Il n'y avait pas lieu non plus de saisir un tribunal lorsque l'auteur d'un crime était pris en flagrant délit et s'avouait coupable. C'est ainsi qu'aujourd'hui, en Angleterre, le juge prononce sans assistance de jurés quand l'accusé plaide *guilty*. Du moment où il ne s'élevait aucune question, ni en droit ni en fait, il ne restait plus qu'à exécuter la loi. Tout citoyen pouvait saisir le coupable et le traîner devant l'Archonte ou les Onze, qui statuaient sommairement sur son sort : c'est ce qu'on appelait *ἀπαγωγή*. Si les témoins du fait ne se croyaient pas en état d'arrêter eux-mêmes le coupable, ils allaient chercher le magistrat, qui se transportait sur le lieu du crime et prenait les mesures nécessaires, *ἐφήγησις*.

La même procédure sommaire était en usage dans le cas où une personne frappée d'une certaine interdiction légale, au point de vue de ses droits politiques, ne tenait aucun compte de cette interdiction et continuait d'exercer le droit dont elle avait été privée. Dans ce cas, la peine étant fixe, le magistrat pouvait l'appliquer sans forme de jugement, tant qu'il ne s'élevait aucune question contentieuse; alors seulement il fallait des juges. Cette procédure, trop fréquemment employée par les orateurs athéniens pour fermer la bouche à leurs adversaires, s'appelait la dénonciation, *ἔνδειξις*.

Nous ne pouvons pas non plus compter parmi les actions publiques proprement dites les procès-verbaux, *φάσεις*. En cas de contravention à une loi de finances, toute personne pouvait, assistée de deux témoins, dresser procès-verbal du fait et remettre un rapport écrit au magistrat, qui introduisait l'affaire devant une sorte de petit jury, deux cent un juges seulement, s'il s'agissait de prononcer une amende inférieure à mille drachmes, quatre cent un, si l'amende était au-dessus de ce taux. Le poursuivant était récompensé par une part de l'amende, part qui pouvait s'élever jusqu'à la moitié. Cette procédure spéciale avait été étendue au cas où un tuteur négligeait d'affermer le patrimoine de son pupille. La loi considérait ce fait comme une contravention qu'elle frappait d'une amende et qu'elle permettait de déférer à la justice par voie de procès-verbal.

Enfin un grand nombre des faits que nous considérons aujourd'hui comme des délits ne passaient pas pour tels chez les Athéniens, ou ne donnaient lieu qu'à des actions civiles en dommages-intérêts; ainsi les simples voies de fait, *αἰκία*, la violence, *βίαια*, la diffamation, *κακηγορία*, les actes d'ingratitude, *κακῶσις*, le faux témoignage, *ψευδομαρτυρία*, le dol, *κακοτεχνίου*, et toutes les variétés de fraudes dans les contrats, telles que l'escroquerie et l'abus de confiance. D'autres faits donnaient ouverture à deux actions, l'une civile, l'autre criminelle, au choix de la partie; tel était, par exemple, le vol. L'action civile de vol, *δίκη κλοπῆς*, avait cela de particulier, qu'outre la restitution au double ou même au décuple, suivant les circonstances, le juge pouvait prononcer d'office une peine qui allait jusqu'à cinq jours et cinq nuits de prison [1]. C'est le seul cas où la loi athénienne admette le cumul d'une peine et d'une réparation civile. La personne lésée par un délit peut, à son choix, demander des dommages-intérêts par une action civile, ou l'application d'une peine par une action criminelle, mais les deux actions sont exclusives l'une de l'autre et ne peuvent ja-

[1] Démosthène, *Adversus Timocratem*, § 105.

mais être jointes. Il n'y a pas de parties civiles devant les tribunaux criminels.

Nous ne nous proposons pas d'énumérer ici les diverses actions publiques ; ce sujet a été suffisamment éclairci par les travaux récents de Meier et Schœmann, d'Otto, de Saripolos et de Thonissen. Mais il paraît nécessaire de donner quelques explications sur celles de ces actions qui avaient un caractère politique. Parmi les plaidoyers qui nous restent des orateurs athéniens, les plus nombreux et les plus importants ont été prononcés dans des affaires de ce genre.

Toutes les constitutions démocratiques attachent la responsabilité à l'exercice du pouvoir exécutif. Les Athéniens allaient plus loin encore. On demandait compte à l'orateur populaire des conseils qu'il donnait, des propositions qu'il soumettait à l'assemblée, et les résolutions du peuple, qu'elles eussent un caractère particulier ou général, qu'elles constituassent des actes de gouvernement et d'administration, ou des mesures législatives, se trouvaient ainsi soumises à un contrôle judiciaire qui portait à la fois sur la forme et sur le fond. L'instruction des affaires soumises à l'assemblée était en effet soumise à de certaines formes. Il fallait, en général, qu'elles subissent d'abord l'examen préparatoire du Conseil des Cinq-Cents qui rédigeait un projet, προβούλευμα. Les lois proprement dites étaient renvoyées aux nomothètes, c'est-à-dire à une assemblée spéciale prise sur la liste des héliastes, chargée principalement d'examiner les dispositions proposées et de les mettre d'accord avec l'ensemble de la législation. Dans tous les cas, il fallait une proposition régulière faite par un citoyen sous sa responsabilité. Si quelqu'une de ces formalités avait été négligée, bien plus, si la mesure proposée ou même votée se trouvait contraire à quelque loi non régulièrement abrogée, si même elle paraissait mauvaise, injuste, inopportune[1], une action criminelle était ouverte contre l'orateur qui avait demandé ou obtenu ce vote. C'était l'action de proposition illégale, γραφὴ παρανόμων.

Ordinairement la lutte s'engageait dans l'assemblée même. L'adversaire de la loi ou du décret les dénonçait formellement au peuple comme illégaux, et s'engageait, par serment, à porter l'affaire devant un tribunal. A partir de ce moment l'effet de la résolution attaquée était suspendu. Les thesmothètes recevaient l'action et l'introduisaient devant les héliastes. La condamnation prononcée contre l'accusé était arbi-

[1] Pollux, *Onomasticon*, VIII, §§ 44, 56, 87. Διήλεγχεν ὅτι ἐσli [τὸ γραφὲν] παράνομον ἢ ἄδικον, ἢ ἀσύμφορον ..... ὡς ἀνεπιτήδειον. Tous les plaidoyers prononcés dans des affaires de ce genre discutent la question au fond aussi bien qu'en la forme.

traire, et consistait d'ordinaire en une amende qui s'élevait parfois à un taux énorme. Elle entraînait l'annulation du décret ou même de la loi incriminés. Quiconque avait encouru trois condamnations de ce genre perdait le droit de présenter, à l'avenir, au peuple, aucune proposition. La responsabilité personnelle de l'auteur d'une proposition cessait un an après le vote de l'assemblée. Ce délai passé, l'action ne pouvait plus être intentée qu'à l'effet d'obtenir l'annulation du vote, mais elle ne produisait plus d'effet suspensif, et il fallait que le peuple désignât, dans l'assemblée, des orateurs chargés de plaider au tribunal pour la loi ou le décret incriminés.

Entre les mains des partis politiques, l'action de proposition illégale devint une arme dangereuse, dont les orateurs firent bientôt le plus effrayant abus. Témoin cet Aristophon d'Azénia qui se vantait d'avoir été ainsi accusé soixante-quinze fois, et toujours acquitté. Elle avait du moins l'avantage d'ouvrir une voie, non pas seulement de cassation, mais de révision pour tous les votes du Conseil des Cinq-Cents ou de l'Assemblée. Or, à l'assemblée, on votait à vingt ans. Il en fallait trente pour siéger parmi les héliastes. Le vote du peuple, en l'absence de toute loi qui fixât un nombre de votants déterminé, pouvait être obtenu par surprise. Les juges, au nombre de cinq cents au moins, prêtaient serment d'écouter les deux parties. Dans ces conditions, le recours était efficace, et il ne faut pas s'étonner qu'il ait été presque journellement pratiqué.

Non moins fréquentes étaient les actions dirigées contre des fonctionnaires publics. Qu'ils fussent désignés par le sort ou élus par un vote à main levée, ceux-ci étaient toujours responsables et comptables des deniers publics dont ils avaient eu le maniement. A l'expiration de leur mandat, qui était généralement annuel et absolument révocable, ils comparaissaient devant une commission composée de dix personnes tirées au sort, une dans chaque tribu, *λογισταί, εὔθυνοι*. Un héraut provoquait quiconque voulait accuser. S'il se présentait une partie poursuivante, l'action était instruite et jugée en la forme ordinaire. Dans le cas contraire, les commissions donnaient décharge, et cette déclaration mettait le comparant à l'abri de toute poursuite ultérieure à raison des fonctions dont il venait de rendre compte. Les actions le plus ordinairement intentées contre les fonctionnaires étaient celles de trahison, *προδοσίας*, d'impiété, *ἀσεβείας*, de corruption, *δωροδοκίας*, de prévarication dans une ambassade, *παραπρεσβείας*, d'outrage, *ὕβρεως*.

Il nous reste à dire un mot de la procédure des actions criminelles. Elle différait peu de celle des actions civiles, chose assez naturelle, du moment où les unes et les autres étaient portées devant la même juridiction. Dans un cas comme dans l'autre, le tribunal ne pouvait agir d'office et jouait un rôle presque entièrement passif. D'ailleurs l'absence de ministère public laissait à l'accusation une liberté égale à celle du demandeur dans un procès civil. La loi lui interdisait, il est vrai, à peine d'une amende de mille drachmes, de laisser tomber son accusation, mais jamais loi ne fut plus mal observée, et ainsi naquit l'industrie des sycophantes, méprisés par tous, mais redoutables aux faibles et aux timides, qui se laissaient rançonner pour éviter un procès. La seule différence entre la procédure civile et la procédure criminelle consiste en ce qu'au criminel les parties n'ont aucune somme à consigner, ni prytanie, ni *paracatabolé*, sauf, dans de certaines actions, le payement d'un droit fixe, insignifiant d'ailleurs, appelé παράστασις. En outre, au criminel, il n'y avait pas de réplique[1]. Chacune des parties ne parlait qu'une seule fois; mais elle pouvait, comme au civil, se faire assister par une ou plusieurs personnes qui parlaient après elle, συνήγοροι.

Les témoignages recueillis dans l'instruction étaient lus et discutés par les parties comme en matière civile. Celles-ci pouvaient produire le témoin en personne et lui faire confirmer sa déposition; mais tel n'était pas l'usage habituel. Rappelons, à ce sujet, que la loi athénienne n'astreignait pas les témoins à un serment, tandis qu'elle imposait le serment aux juges et aux parties. Mais les témoins, comme les parties, pouvaient confirmer leurs déclarations par un serment volontaire, ou bien encore pouvaient être mis en demeure, par les parties, d'appeler sur eux-mêmes la colère des dieux pour le cas où ils auraient fait un mensonge. Le refus aurait été dangereux pour le témoin, exposé à une action en faux témoignage[2].

Le vote des juges avait lieu au criminel comme au civil. Lorsque la peine n'était pas fixe, il fallait un second vote pour la déterminer. Le poursuivant proposait une peine, τίμημα; l'accusé en proposait une autre, ἀντιτίμησις, et les juges choisissaient entre les deux.

L'accusateur qui n'obtenait pas le cinquième des voix encourait une amende de mille drachmes, et l'atimie emportant incapacité d'accuser.

L'exécution était confiée aux Onze. C'était une commission de dix citoyens représentant les dix tribus et d'un greffier. Désignés annuellement par le sort, ils avaient la surveillance de la prison, donnaient des

[1] Démosthène, *De falsa legatione*, § 313. Meier et Schœmann contestent ce point, mais les textes qu'ils invoquent ne sont pas concluants. (*Der attische Process*, p. 713, note 28.)

[2] Démosthène, *Adv. Callippum*, § 28.

ordres aux exécuteurs et introduisaient certaines affaires devant le tribunal.

Les actions criminelles étaient-elles soumises à la prescription comme les actions civiles? Cela paraît probable et résulte d'ailleurs de plusieurs textes; mais nous ignorons absolument la durée et les conditions de cette prescription. L'orateur Lysias affirme même, dans deux affaires de ce genre, que l'action intentée par lui est imprescriptible[1].

IV.

Quand tout le monde peut accuser, sans que personne soit tenu de le faire, la répression des crimes est livrée au hasard, ou, ce qui ne vaut pas mieux, à l'esprit de parti. Les Athéniens avaient l'esprit trop ouvert pour ne pas s'en apercevoir, et c'est sans doute pour remédier à cet inconvénient qu'ils imaginèrent une procédure nouvelle, celle de l'εἰσαγγελία. Elle se produisit d'abord à l'occasion de certains crimes qui intéressaient plus particulièrement la sûreté de l'État, comme l'attaque contre la démocratie, la participation à une réunion ou à une association dirigée contre la démocratie, le fait d'avoir livré à l'ennemi une place forte, des vaisseaux, des troupes de terre ou de mer, celui d'avoir détruit des arsenaux ou des approvisionnements, enfin celui de s'être fait payer pour donner au peuple de mauvais conseils[2].

Dans ces définitions, on reconnaît le langage de la restauration démocratique qui suivit la chute des Trente. Si elles eussent été exactement respectées, le cercle d'application de la loi serait demeuré assez restreint; mais, au contraire, il alla toujours s'élargissant, et finit par embrasser toutes les actions criminelles. Quel crime, en effet, ne pouvait-on pas faire rentrer dans une incrimination aussi vague que celle d'attaque contre la démocratie? C'était un abus sans doute, et l'orateur Hypéride s'en plaint amèrement dans un de ses plaidoyers[3]; mais il avait sa cause, sinon sa justification, dans l'insuffisance de la procédure ordinaire. Voici, en effet, les avantages qu'offrait la procédure nouvelle de l'εἰσαγγελία : nous les connaissons aujourd'hui, et nous pouvons en apprécier l'importance, grâce à la découverte récente des fragments d'Hypéride.

L'εἰσαγγελία était une plainte adressée, non à l'autorité judiciaire

[1] Lysias, *Adv. Agoratum*, § 83, et *Pro sacra olea*, § 17.

[2] Voir une inscription de la marine athénienne dans Bœckh (*Seewesen*, p. 540) : Εἶναι δὲ καὶ εἰσαγγελίαν αὐτῶν εἰς τὴν βουλήν, καθάπερ ἐάν τις ἀδικῇ περὶ τὰ ἐν τοῖς νεωρίοις.

[3] Hypéride, *pro Lycophrone*.

comme la γραφή, mais au pouvoir politique, c'est-à-dire soit au Conseil des Cinq-Cents, soit à l'assemblée du peuple. Le Conseil ou l'assemblée examinaient cette plainte, et, s'il y avait lieu, la renvoyaient à un tribunal. La décision qui prononçait le renvoi pouvait contenir un ordre d'arrestation préventive, qui, dans la procédure ordinaire, n'était décerné que contre les inculpés de haute trahison et les fermiers des impôts. Elle désignait en même temps les personnes qui seraient chargées de soutenir l'accusation, συνήγοροι.

Dans l'εἰσαγγελία comme dans la γραφή, la plainte était rédigée par écrit, mais probablement d'une façon plus ample, et en relevant toutes les circonstances du fait, tandis que, dans la γραφή, elle était calquée sur la formule légale et se bornait d'ordinaire à désigner le crime par son nom.

L'instruction se faisait en la forme accoutumée, mais l'accusé ne pouvait obtenir ni sursis pour faire juger les reproches contre les témoins, ὑπωμοσία, ni remise en cas d'empêchement, σκῆψις, moyens trop faciles de gagner du temps et d'éluder l'action de la justice. La procédure marchait sans incident, et le tribunal était saisi à bref délai.

Les affaires de ce genre étant considérées comme plus importantes, on réunissait habituellement, pour les juger, deux ou trois sections des héliastes, ce qui donnait jusqu'à mille ou quinze cents juges. Les débats avaient lieu comme à l'ordinaire. Seulement, d'après le droit commun, tout citoyen pouvait intervenir spontanément et prendre la parole pour une des deux parties. Dans l'εἰσαγγελία, l'intervention n'était permise que pour l'accusation. Du reste, l'accusé pouvait se défendre lui-même ou se faire assister par un ou plusieurs défenseurs; mais il fallait que ces défenseurs fussent choisis par lui et agréés par le tribunal.

Enfin, en cas d'acquittement de l'accusé, les conséquences pour l'accusateur n'étaient pas les mêmes. D'après le droit commun, l'accusateur qui n'obtenait pas le cinquième des voix encourait une amende de mille drachmes, et une certaine atimie emportant déchéance du droit d'intenter une accusation à l'avenir. Dans l'εἰσαγγελία, l'accusateur n'encourait aucune peine, ni amende ni atimie, quel que fût le résultat du procès.

Telle était, dans ses traits principaux, la procédure de l'εἰσαγγελία. Elle fut modifiée, à l'époque de Démosthène, en deux points importants. Une première loi rétablit l'amende de mille drachmes contre l'accusateur téméraire, qui resta seulement exempté de l'atimie[1]. Une autre loi,

[1] Pollux, VIII, 53, et Démosthène, *pro Ctesiphonte*, § 250. Cette loi est postérieure au plaidoyer d'Hypéride contre Lycophron.

rédigée par Timocrate, abrégea la durée des détentions préventives[1]. Lorsque cette détention s'était prolongée pendant trente jours sans que le Conseil eût renvoyé l'accusé devant les thesmothètes chargés de convoquer le tribunal, les Onze, gardiens de la prison, furent autorisés à introduire eux-mêmes l'affaire devant les juges, et, à défaut d'accusateur désigné par le Conseil, le soin de soutenir l'accusation pouvait être confié au premier venu.

Le nom d'*εἰσαγγελία* s'appliquait encore aux poursuites dirigées contre certains délits d'un caractère tout spécial, comme les mauvais traitements exercés sur une femme épiclère par son mari, ou sur des orphelins par leur tuteur, et les prévarications commises par les arbitres publics. Mais, à la différence de l'*εἰσαγγελία* proprement dite, les poursuites dont il s'agit étaient portées devant l'archonte ou devant le tribunal. Ni le Conseil des Cinq-Cents ni l'assemblée du peuple n'avaient à s'en occuper. Nous n'en parlons donc ici que pour mémoire.

L'*εἰσαγγελία* n'était pas la seule procédure qui donnât au peuple une part de juridiction. Le trouble apporté à la célébration des fêtes publiques donnait lieu à une poursuite particulière appelée *προβολή*, dirigée contre les auteurs du trouble, contre les fonctionnaires qui l'avaient amené ou toléré, et spécialement contre les sycophantes qui avaient mis à profit l'occasion de la fête pour appréhender un débiteur ou pour signifier quelque acte judiciaire[2]. Les délits dont il s'agit avaient eu en quelque sorte le peuple entier pour témoin. Il semblait naturel dès lors que le peuple fût consulté sur la poursuite. Le vote avait lieu à main levée après débat contradictoire, mais, en cas de renvoi devant le tribunal, les juges n'étaient pas liés par la déclaration émanée du peuple, ce qui, du reste, n'a rien d'étonnant, si l'on se rappelle que, par la *γραφὴ παρανόμων*, les juges athéniens exerçaient un contrôle souverain sur tous les votes de l'assemblée. L'action ainsi intentée était sans doute suivie en la forme ordinaire. Il semble toutefois qu'il n'y eût ni consignations à opérer par les parties ni amende contre l'accusateur téméraire. Enfin le peuple, en donnant son vote, pouvait ordonner l'arrestation du prévenu, sauf la faculté laissée à celui-ci d'obtenir sa mise en liberté sous caution.

R. DARESTE.

[1] Démosthène, *Adversus Timocratem*, § 63.

[2] C'est ainsi que fut introduit le procès de Démosthène contre Midias. Cf. sur la *προβολή* une inscription de Lampsaque, rapportée par Bœckh, *Corpus inscriptionum græcarum*, t. II, n° 3641[b].

www.ingramcontent.com/pod-product-compliance
Ingram Content Group UK Ltd.
Pitfield, Milton Keynes, MK11 3LW, UK
UKHW020457220726
13923UKWH00006B/2592

9 782019 239732